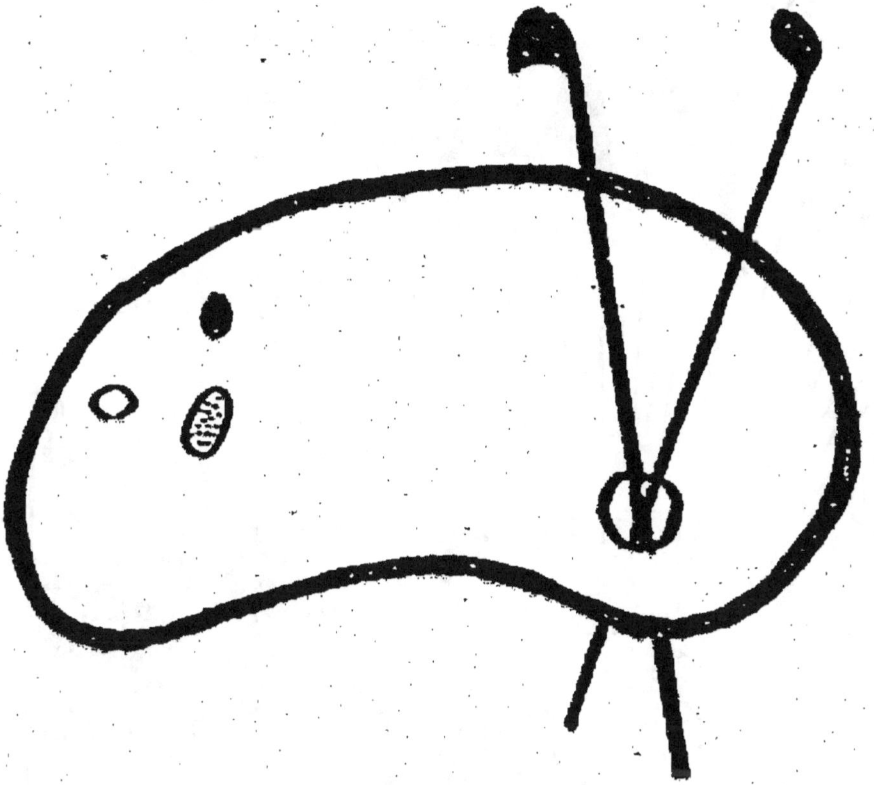

COUVERTURE SUPERIEURE ET INFERIEURE
EN COULEUR

La VÉRITÉ sur la RÉVOLUTION du
18 MARS 1871
PAR
Charles PROLÈS
RÉPUBLIQUE UNIVERSELLE

Imprimerie G. Paynard
14, Faubourg St-Denis, Paris

LA VÉRITÉ

SUR LA

RÉVOLUTION

DU

18 Mars 1871

PAR

Charles PROLÉS

Prix : 0.20 centimes

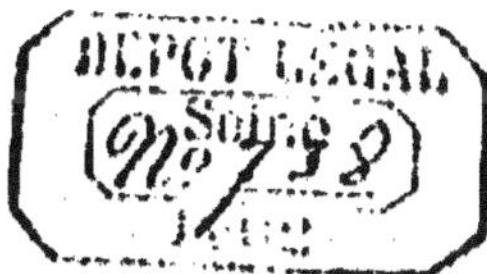

PARIS

DÉPOT GÉNÉRAL

111, RUE RÉAUMUR, 111

1902

Une scène du bombardement de Paris, 1870, familles du quartier du Panthéon
abandonnant leurs demeures menacées par les obus.

VÉRITÉ SUR LE 18 MARS 1871

AVANT-PROPOS

A la veille de la grande lutte politique et sociale qui va bientôt s'engager ;

En présence de la coalition du nationalisme plébiscitaire ou non plébiscitaire avec les bataillons de l'Empire, de la Royauté et de l'Eglise pour renverser le Gouvernement de la République, il est bon, il est salutaire d'évoquer la légende du parti républicain démocratique et socialiste, qui se déroule dans l'histoire de la France du massacre de la rue Transnonain aux fusillades du Père-Lachaise.

« Dans la campagne électorale qui va s'ouvrir, a dit le représentant le plus autorisé du parti bonapartiste, il y aura, d'un côté, le parti des *coquins* ; de l'autre, le parti des *honnêtes gens.* »

Par honnêtes gens, on entend désigner les nationalistes et les réactionnaires de toutes les couleurs; *par coquins*, les républicains et les socialistes: les Hommes de la Commune, comme on le répète encore si souvent.

Ce petit livre a surtout un but, celui d'éclairer la génération actuelle, celle qui n'a pas vécu l'année terrible, sur les hommes et les choses de la Révolution du 18 mars 1871, et de rendre justice à tous les Républicains qui ont le plus souffert pour la défense du Droit et de la Liberté

Ces hommes n'ont pas seulement à être défendus des calomnies immondes de leurs ennemis, mais encore des travestissements qu'on a fait subir au grand mouvement populaire dont ils ont été les acteurs.

C'est en disant la vérité qu'on s'expliquera le cri d'espérance que la Commune a, malgré sa défaite, arraché aux prolétaires, aux hommes de bonne volonté du monde entier, et l'activité prodigieuse qu'elle a réveillée dans les couches profondes des désespérés d'hier, qui sont les enthousiastes d'aujourd'hui.

Dans toute Révolution, il y a trois choses principales à considérer : sa légitimité, son but, ses actes.

Plus de trente années se sont écoulées depuis le jour où le peuple de Paris, provoqué, attaqué la nuit, comme par une troupe de coupeurs de bourse, chassait, d'un vigoureux effort, M. Thiers et sa bande de généraux bonapartistes, rouges encore du sang caillé de décembre 1851, tout couverts de la boue fraîche de Sedan et de la capitulation du 28 janvier 1871.

Nous sommes, aujourd'hui dans les meilleures conditions pos...es pour nous prononcer loyalement, sans exagération comme sans illusion.

Eh bien, il faut le déclarer hautement, jamais Révolution ne fut plus légitime et n'eut un but plus élevé.

Comme à l'Assemblée nationale de 1871, les adversaires des progrès sociaux et démocratiques, dans leurs discours et leurs conférences à travers la France, affirment leur politique du « bloc » contre le régime républicain.

Cette tactique n'est pas nouvelle, elle a été suivie lors des aventures du 24 mai 1873, du 16 mai 1877 et du Boulangisme en 1889 ; elle n'est pas redoutable si tous les républicains serrent les rangs et font face à l'ennemi commun.

La victoire sera certaine avec l'entente qui s'impose, et le Suffrage universel saura bien choisir ses députés entre les revenants d'un passé aussi redoutable que criminel et les défenseurs d'un avenir qui doit être aussi libéral que juste.

Les souffrances du siège. La capitulation de Paris, 28 Janvier 1871.

Pour bien comprendre le mouvement révolutionnaire du 18 mars et la Commune il faut remonter à la période comprise entre le 4 septembre et la capitulation de Paris, c'est-à-dire à la durée du siège de la capitale, puis à celle comprise entre la capitulation et la journée du 18 mars.

Le siège, nous n'avons pas l'intention de le raconter. Il peut se résumer ainsi :

En haut : trahison, incapacité, lâcheté, haine du peuple ;

En bas, héroïsme, abnégation, haine de l'ennemi, amour de la Patrie et de la République.

Il faut le dire bien haut, pendant toute la durée du siège, le peuple de Paris a été admirable et s'est montré constamment grand, joignant aux plus magnifiques élans du cœur, des conceptions vraiment politiques et qui sont restées comme un phare lumineux pour l'avenir.

Pendant qu'on le trahissait, pendant qu'on l'affamait et le diffamait, pendant qu'on le bombardait, ce peuple élaborait la grande idée du xixᵉ siècle, et trouvait enfin la formule exacte de la souveraineté populaire, la Commune.

Oui, cette population que l'on croyait, après vingt années d'empire, gangrenée jusqu'à la moelle, qui ne montrait au dehors que ses cocottes, ses petits crevés, son clergé à plat ventre, ses généraux éclos dans le charnier du 2 décembre, cette population se retrouva, se nettoya, s'épura, se redressa en quelques heures.

Ces Parisiens, habitués souvent à une vie sédentaire, molle et malsaine, ou surmenés par un travail excessif, employés, petits boutiquiers, calicots, ouvriers d'ateliers, les uns trop gras et ventrus, les autres trop maigres et fluets, passaient les nuits aux remparts, sans dormir, exposés aux rigueurs d'un froid exceptionnel, n'en paraissaient pas incommodés, rentraient après vingt-quatre heures de ce service pénible, se reposaient douze heures et repartaient joyeux et dispos.

Ces fédérés indomptables qui devaient mourir sans faiblesse sous les balles versaillaises, que de fois ne les a-t-on pas vus, pendant le siège, pour charmer leur inaction, jouer au bouchon sur les remparts labourés d'obus, ou former des quadrilles et danser sous la mitraille.

Ce fut donc bien le peuple, le peuple seul, qui voulut la résistance quand même, la guerre à outrance, malgré la volonté de Trochu et du Gouvernement, malgré les mille souffrances gratuites qu'on lui imposait à dessein pour l'amener à la lassitude.

Loin de s'abattre, le peuple parisien se surexcitait chaque jour. Les mauvaises nouvelles, les souffrances, les défaites, l'enfonçaient davantage dans sa résolution de vaincre ou de mourir.

Quant aux femmes, elles donnèrent tous les exemples de courage, d'abnégation, d'héroïsme :

Souffrant comme épouses, comme mères, comme sœurs, quand leur mari, leurs fils, leurs frères, allaient aux avant-postes, sous le feu des Prussiens ;

Souffrant, comme ménagères, quand il fallait, avec rien, faire quelque chose, préparer sans feu des aliments nauséabonds;

Restant seules avec la faim et le froid, au logis, sans pain, sans bois, entourées de petits enfants qui dépérissaient faute d'exercice et de nourriture ;

Se levant, en hiver, au milieu de la nuit, par la neige, la bise ou la pluie, pour faire queue à la porte du boulanger, quelquefois depuis quatre heures du matin jusqu'à midi :

On n'entendit pas une seule plainte sortir de leur bouche.

Elles aussi voulaient la résistance à outrance, la sortie en masse.

On les vit partout, ces Parisiennes, ces femmes de cœur, — celles que le *Figaro* osa appeler la femelle du fédéré, — on les vit dans l'ambulance, aux avant-postes sous les balles, aux cantines sous les bombes, et pas une ne demanda la capitulation.

Elles eurent, d'ailleurs, leur récompense.

Versailles les traita comme les hommes dont elles avaient partagé les dangers et les vertus :

Il les fusilla.

Cependant la colère et le dégoût ne tardèrent pas à monter du cœur au cerveau, menaçant d'ajouter dans Paris, les horreurs de la guerre civile aux horreurs de la guerre étrangère.

Les illusions tombaient une à une. Il devenait évident que le Gouvernement ne voulait rien faire, perdait le temps, gaspillait les vivres et conduisait le peuple fatalement au jour où, faute de pain, il faudrait ouvrir aux Prussiens les portes de la Capitale.

Cette incurie gouvernementale amena la journée du 31 octobre.

Ce mouvement, même vaincu, servit néanmoins à quelque chose. Il contraignit le Gouvernement à l'organisation de bataillons de marche de la garde nationale, mit fin aux pourparlers d'armistice de M. Thiers, et prolongea le siège de façon, du moins, à sauver l'honneur du peuple de Paris.

Le peuple n'a que cela ; il y tient.

On gagna de la sorte le mois de janvier, et les illusions de la population, la plus tenace aux illusions, finirent par s'envoler l'une après l'autre.

Le 28 janvier 1871, la capitulation était signée.

Les élections du 8 Février 1871. Antagonisme de Paris et de la province. La Réaction à l'Assemblée Nationale. Les Manifestations de la Bastille. Attitude du Peuple de Paris.

Des élections eurent lieu le 8 février pour l'Assemblée nationale. On vota dans une cave ; Paris ignorant la situation de la province, la province ignorant la situation de Paris, et croyant, sur son compte, toutes les infamies débitées par les agents royalistes, bonapartistes, cléricaux et thiéristes.

L'ignorance était profonde, absolue, des deux côtés.

A Paris, on se figurait la province indignée et prête à tous les sacrifices pour continuer la guerre.

En province, on se figurait, au contraire, que la population de Paris avait montré une grande lâcheté, que le Parti républicain avait pactisé avec les Prussiens et tenté de leur livrer la ville, soit au 31 octobre, soit au 22 janvier.

De cet ensemble de circonstances devait sortir l'Assemblée de Versailles, et ces circonstances multiples, exceptionnelles, peuvent seules expliquer, sans la justifier, la nomination d'une Chambre où la haine du peuple et l'incapacité se mêlèrent à une dose telle, qu'il semble qu'on insulterait le Sénat pourri de Tibère et le Parlement croupion d'Angleterre en les lui comparant.

Tous les députés qui appartenaient aux opinions avancées avaient un mandat uniforme, absolu, impératif : Voter contre la paix ; demander la mise en accusation du Gouvernement de la Défense nationale.

On sait comment ceux qui sont restés à Versailles ont tenu leurs engagements en votant des remerciements à l'armée versaillaise et en baisant la main sanglante de M. Thiers.

Dans la dernière quinzaine de février 1871, Paris n'avait plus de Gouvernement. Les hommes du 4 septembre qui siégeaient à l'Hôtel de Ville étaient partis à Bordeaux. Les Parisiens n'avaient plus qu'un pouvoir anonyme, représenté par M. Tout le Monde.

A ce moment, et c'est un point sur lequel on ne saurait trop insister, parce qu'il est important et semble avoir passé inaperçu, la Commune existait déjà de fait, en ce sens que Paris, livré à lui-même, séparé du Gouvernement de Bordeaux aussi bien par la distance que par les sentiments, vivait de sa vie propre, ne relevait que de sa volonté individuelle.

C'est pendant que Paris jouissait de cette indépendance complète, absolue, qu'il n'avait jamais connue, que commencèrent, à l'occasion de l'anniversaire du 24 février, les manifestations de la place de la Bastille, provoquées par la violence, les menaces, les fureurs séniles et les inepties haineuses de l'Assemblée de Bordeaux.

Le dernier prussien quittant Paris, après le vote de la paix, Mars 1871.

Tous les bataillons de la garde nationale défilèrent en armes, tambours en tête, drapeau déployé, devant la colonne de Juillet. Un drapeau rouge flottait à son sommet, sur la tête du génie doré. Plus bas, on voyait un vaste écriteau, où se lisait, en lettres colossales :

« Vive la République universelle ! »

Au moment même où l'Allemagne lui faisait une guerre de race, où Guillaume et ses agents ne cachaient pas le désir et l'espoir d'anéantir la France, savez-vous ce que disaient ces Parisiens dans ces inoubliables manifestations.

Ils proclamaient la République universelle, ils proclamaient la fédération des peuples !

En réponse aux obus de Bismark, ils offraient à l'Allemagne la Liberté, la Fraternité !

Sous le feu des canons Krupp, braqués contre la grande cité révolutionnaire, ils confessaient la Solidarité humaine !

Victimes de la force brutale, ils saluaient la Justice !

Vaincus par la féodalité germanique, livrés par la lâcheté et la trahison de tous les éléments clérico-monarchico-réactionnaires, ils invoquaient le *droit* absolu.

Pendant que l'on conspirait leur perte définitive dans l'ombre ; pendant qu'on organisait contre Paris le mensonge, la calomnie et le meurtre, les

Parisiens, eux, conspiraient à ciel ouvert l'affranchissement de l'humanité.

Ils ouvraient leurs bras à l'univers démocratisé, mais à condition que ces bras ne fussent point chargés des chaînes de la conquête barbare, ou marqués des stigmates de la honte.

Voilà ce qu'étaient les hommes de la Révolution de mars 1871.

Les manifestations de la Bastille étaient la réponse du parti républicain socialiste de Paris à la conspiration royaliste de l'Assemblée de Bordeaux.

A ces gens qui refusaient de proclamer la République et ne la toléraient qu'en l'insultant, parce qu'ils la croyaient à terre sans force pour se défendre, la capitale de la France répliquait par une affirmation unanime du principe républicain.

Nous ne serons pas taxé d'exagération en disant que jamais Paris n'avait été aussi unanimement républicain. Se sentant menacé par l'Assemblée de Bordeaux, il serrait toutes ses forces en un seul faisceau. La garde nationale se fédérait, au lieu de rester une masse divisée et inerte entre les mains d'un chef suprême, et donnait naissance au Comité central.

On peut donc dire qu'en mars, à Paris, si tout le monde n'était point pour la Commune, personne, du moins, n'était pour le Gouvernement de Bordeaux.

Malgré cet état d'esprit, nul citoyen, dans le Parti républicain, démocratique ou socialiste, ne désirait livrer la bataille des rues pour la défense de la République, l'opinion générale s'efforçait d'éviter la guerre civile.

La question des canons de la garde nationale. Attitude de M. Thiers. L'Affiche du Gouvernement dans la nuit du 17 au 18 Mars.

Tout reposait sur la question des canons, question créée, entretenue, envenimée avec soin par le Gouvernement de M. Thiers.

Cependant, ces canons, leur presque totalité, étaient la propriété personnelle de la garde nationale.

L'État ne les avait pas sortis de ses arsenaux pour les lui confier pendant la guerre. Ils avaient été payés par les bataillons prélevant une souscription sur leur solde, ou sur les ressources particulières de chaque citoyen.

En somme, la garde nationale n'exigeait qu'une chose bien simple et de droit absolu : être chargée de veiller sur les canons qu'elle avait payés, qu'elle avait sauvés de la confiscation prussienne, et qui faisaient partie intégrale de son armement.

Il faut le dire, le Gouvernement refusa d'user des dispositions conciliantes du plus grand nombre des bataillons, ou même d'y répondre.

Il les repoussa, ces conciliations, par un silence méprisant.

Ce que M. Thiers voulait, ce n'était point la restitution des canons ; — c'était l'égorgement des classes laborieuses de Paris, de tout le Parti socialiste et révolutionnaire.

Ce qu'il voulait, — c'était la guerre civile, une guerre qui lui permît de rentrer dans Paris en vainqueur, la hache à la main, cent mille bourreaux derrière lui.

Qu'on s'entendît sur la question des canons, et ce rêve de sa vie entière se trouvait encore reculé. Or, à son âge on n'attend pas volontiers.

En effet, que Paris se laissât désarmer sans coup férir, qu'en résultait-il ?

Le triomphe de la réaction, *la chute immédiate de la République*, la transportation de quelques milliers de Républicains et de Socialistes, la proclamation d'une lieutenance générale, bientôt suivie de celle de la Monarchie,

Mais alors M. Thiers eût tiré les marrons du feu pour d'autres. La Révolution était vaincue, mais Thiers n'était point vainqueur.

Ce qu'il lui fallait, c'était une bataille, bataille terrible, qui flattât toutes ses prétentions de grand capitaine, dont les proportions redoutables, menaçantes, lui donnassent, par la force des choses, la direction des affaires.

Cela dit, il reste avéré que la réaction avait seule intérêt à provoquer la guerre civile, et que la date en fut exclusivement appropriée aux desseins personnels et aux ambitions cachées de l'homme de Transnonain.

Il se leva, ce jour que l'histoire n'oubliera plus, et qui marque, depuis plus de trente ans, un des plus prodigieux efforts du prolétariat pour la conquête de l'avenir.

Les canons de Montmartre ramenés à la Mairie du 18ᵉ Arrondissement, 18 Mars 1871.

La partie sanglante était engagée, Paris était condamné. En s'éveillant le 18 mars, il lut sur les murs une affiche insolente et menaçante, lui annonçant que le Gouvernement, sans avoir tenté aucun moyen de conciliation, après les avoir tous repoussés, déclarait la guerre au peuple de Paris.

Le gant était jeté :

Fallait-il courber la tête ?

Fallait-il armer son fusil ?

Courber la tête, c'était abandonner, sacrifier la République, renoncer à la rénovation sociale, tendre la gorge aux bourreaux du peuple, s'avilir et abdiquer !

Résister, courir aux armes, c'était sans doute marcher à la mort.

Il y a des circonstances où il faut savoir mourir, lorsque mourir, c'est affirmer un principe, arborer un drapeau, jeter dans le monde, avec son sang, une idée nouvelle et vraie.

Paris accepta la bataille.

Ce fut, de sa part, une folie, si l'on veut, mais une folie héroïque et sublime, folie utile, folie féconde, dont les résultats se sont fait sentir à travers l'Europe.

Le 18 Mars 1871. La Troupe fraternise avec le Peuple
Le Comité central à l'Hôtel de Ville.
Les Élections communales du 26 Mars.

On connaît les détails de cette journée.

Les buttes Montmartre furent d'abord surprises, mais comme cette victoire trop facile n'eut sans doute pas fait les affaires de M. Thiers, il se trouva que les troupes n'avaient amené ni chevaux, ni traits pour enlever les canons.

On perdit, vainqueur, tout le temps nécessaire pour que la garde nationale pût être prévenue, pût accourir.

Il y eut là un de ces éclairs de sensibilité caractéristiques, presque touchants, dont le peuple de Paris est si prodigue. Les femmes arrivèrent les premières. Elles se jetèrent sur les canons déjà en possession de l'armée, les enlacèrent de leurs bras, s'y cramponnèrent.

Elles s'élancèrent dans les rangs de l'ennemi, adjurant les soldats de ne point tirer sur leurs frères, les gagnant un à un, leur arrachant leurs fusils.

Les gardes nationaux, pendant ce temps, s'armaient, se massaient à leur tour.

Le soldat, las de batailles, déshabitué de la discipline par ses défaites, n'ayant plus de confiance en ses chefs, ni d'estime pour eux, se laissa entraîner. Il leva la crosse, fraternisa avec la foule.

A midi, l'ordre de retraite arriva. L'armée se retira, et la garde nationale, tout entière sur pied, resta maîtresse de la cité.

Vers le même soir, le Gouvernement s'enfuit, et Paris se trouva brusquement, sans s'y attendre, sans l'avoir prévu, ni voulu, certes, à ce moment, absolument livré à lui-même.

Le sort en était jeté.

La Commune venait de naître.

Un fait se produisait pour la première fois peut-être dans l'histoire, c'est que les hommes nouveaux, portés par les événements à l'Hôtel de Ville, étaient absolument inconnus de la masse de la population.

Qu'étaient ces hommes, que valaient-ils, qu'allaient-ils faire? Autant de points d'interrogation vraiment terribles dans une situation aussi tragique.

Au 4 septembre 1870, comme au 24 février 1848, les noms des hommes portés au pouvoir par la Révolution étaient du moins un programme.

On les connaissait. Ils avaient un passé qui semblait répondre de l'avenir. Ils avaient des antécédents. Satisfaits et mécontents savaient, ou du moins croyaient savoir à qui ils avaient affaire.

Mais cette dictature anonyme, que contenait-elle dans ses flancs?

Ce fut là et c'est là le grand caractère de la Révolution du 18 mars.

Oui, à l'Hôtel de Ville il y avait des hommes dont personne ne connaissait les noms, parce que ces hommes n'avaient qu'un nom :

Le peuple !

Oui, en effet, la tradition était rompue. Quelque chose d'inattendu venait de se produire.

Pas un membre des classes gouvernantes n'était là.

Une révolution venait d'éclater et elle n'était représentée ni par un avocat, ni par un député, ni par un journaliste, ni par un général.

A leur place, un ouvrier relieur, un mineur du Creusot, un cuisinier, un employé, un teinturier, etc.

Dans le livre de l'histoire, on avait tourné une page, on entamait un nouveau chapitre.

Eh bien, chose pour le moins aussi inouïe, ce grand Paris, inquiet, frémissant, stupéfait, attiré, effrayé, dominé tout à la fois, obéit à ces inconnus, se laissa gouverner par eux, et ils gouvernèrent avec habileté !

Pendant dix jours, ces inconnus discutèrent avec les représentants officiels du peuple de Paris, après tout, les hommes les plus illustres de l'ancienne idée, forcèrent les maires à compter avec eux, imposant leurs conditions, leurs volontés, les faisant triompher.

Le Comité central marchait droit devant lui, sans hésitation, et développait, par la bouche de ses membres, tout un programme complet d'affranchissement politique et social.

Qu'on relise les proclamations du Comité central, depuis le jour de son triomphe jusqu'au jour de la Constitution de la Commune, et on sera frappé de leur éloquence et de leur netteté.

Mais, et l'exécution des généraux Clément Thomas et Lecomte, dira-t-on ?

On sait aujourd'hui que ces deux généraux ont été fusillés par leurs soldats.

Exécution des Généraux Clément Thomas et Lecomte, 18 Mars 1871.

Ils furent victimes des colères de quelques hommes, sans qu'il y ait eu préméditation, ni ordre d'aucune sorte donné par le Comité central, ou aucun groupe organisé en mesure d'exercer une autorité, une action quelconque, sur la foule ; cela a été prouvé.

Le Comité central n'apprit l'arrestation de Clément Thomas et Lecomte qu'en apprenant leur mort. Les membres du Gouvernement de l'Hôtel de Ville et la garde nationale se lavent donc les mains de ces gouttes de sang versé en dehors de leur participation.

Quelques jours après la journée du 18 mars, le Comité central convoquait les collèges électoraux parisiens pour l'élection des membres de la Commune.

Devant Versailles, qui déclarait que la Révolution était l'œuvre d'une poignée de bandits, il fallait prouver au monde que cette Révolution était une question de principe, à laquelle devaient se rallier tous les hommes de cœur. Il fallait montrer qu'elle était l'affirmation d'une idée juste et nouvelle, et que la justice de cette idée serrait autour du même drapeau tous les citoyens qui avaient le sentiment du droit, l'amour de l'égalité, la volonté ferme du progrès social, à quelque classe que le hasard de la naissance les ait fait appartenir.

Les élections s'accomplirent avec un calme merveilleux, **deux cent trente mille électeurs y prirent part.**

La proclamation de la Commune.
Opinions diverses.
Le parti socialiste et la République universelle.

Le 28 mars eut lieu la proclamation de la Commune.

Cette acclamation d'une idée nouvelle et de la Révolution sociale fut si émouvante et si grandiose, que même ses ennemis en ressentirent une impression profonde, et que l'un d'eux laissa échapper un témoignage d'admiration, arraché pour une seconde, non pas à sa conscience, mais à ses nerfs ébranlés et domptés.

Voici la fin de ce morceau, extrait d'un livre plein de calomnies sur la Commune :

« Un à un, les bataillons s'étaient rangés sur la place de l'Hôtel-de-Ville, en bon ordre, musique en tête.

« Ces musiques, jouaient la *Marseillaise*, reprise en chœur par cent mille voix résolues ; ce tonnerre vocal secouait toutes les âmes, et la grande chanson démodée par nos défaites, avait retrouvé, un instant, son antique énergie.

« Tout à coup le canon. La chanson redoutable, formidable ; une immense houle d'étendards, de baïonnettes et de képis, va, vient, ondule, se resserre devant l'estrade. Le canon tonne toujours, mais on ne l'entend que dans les intervalles du chant. Puis tous les bruits se fondent dans une acclamation unique, voix universelle de l'innombrable foule, et tous ces hommes n'ont qu'un cœur, comme ils n'ont qu'une voix.

« Ah ! peuple de Paris ! quel volcan de passions généreuses brûle donc en toi, pour que parfois, à ton approche, les cœurs même de ceux qui te condamnent, se sentent dévorés et purifiés par les flammes. »

Le même jour, un socialiste, un journaliste, un écrivain, un artiste, Jules Vallès, burinait dans son style chaud, coloré, ardent, plein d'une éloquence vraiment révolutionnaire, cette admirable page, devenue de nos jours introuvable, qui se terminait ainsi :

« Clairons, sonnez dans le vent, — Tambours, battez aux champs !

« Embrasse-moi, camarade, qui a, comme moi, les cheveux gris ! — Et toi, marmot, qui joues aux billes derrière la barricade, viens que je t'embrasse aussi.

« Le 18 mars te l'a sauvé belle, gamin ! — Tu pouvais, comme nous, grandir dans le brouillard, patauger dans la boue, rouler dans le sang, crever de faim et crever de honte, avoir l'indicible douleur des déshonorés !

« C'est fini !

« Nous avons saigné et pleuré pour toi. Tu recueilleras notre héritage.

« Fils des désespérés, tu seras un homme libre. »

Un ancien membre de la Commune, mort il y a quelques années, a raconté que le jour de la proclamation des élections du 26 mars, sur la place de l'Hôtel-de-Ville, il avait senti sa gorge se serrer et des larmes emplir ses yeux, devant cette immense acclamation, devant cette foi ardente, devant ce flot d'espérance qui montait à tous les membres du nouveau conseil communal de cette foule, devant ces cent mille citoyens armés, qui venaient leur dire :

« Voilà notre sang, voilà notre vie ! — Prenez tout ; usez de tout sans ménagement, nous ne marchanderons pas, mais sauvez la République, fondez la Commune, fondez l'Égalité.

« Notre sort, celui de la France, celui de la Révolution, c'est-à-dire de l'humanité tout entière, est entre vos mains ! »

Il reste assez de témoins qui ont survécu à l'année terrible pour affirmer que ce que nous venons de dire est l'expression de la vérité.

Tout le monde est unanime aujourd'hui à déclarer que c'est la Commune, c'est-à-dire le prolétariat parisien, qui a sauvé la République des mains d'une Assemblée réactionnaire nommée en un jour de malheur.

Né d'un patriotisme férocement froissé et de souffrances inénarrables, le mouvement du 18 mars 1871 n'a été au fond qu'une énergique protestation contre les dirigeants, mais non le soulèvement d'une classe exploitée contre une classe privilégiée, et sa mise en marche vers une société égalitaire.

Mais, qu'importe, le tocsin de mars a eu cette gloire de faire demeurer la République debout et d'aider à l'éclosion d'idées sociales plus précises.

Ah ! la réaction versaillaise croyait bien l'avoir tué, ce parti socialiste, elle croyait bien l'avoir enterré sous les cadavres de ses victimes?

Eh bien, Messieurs, vous vous êtes trompés.

Le Général Sudielle ordonne de charger la foule Place Pigalle, 18 Mars 1871.
Un Capitaine s'élance sabre en main et blesse un garde national, il tombe criblé de balles.

L'idée est restée intacte, elle s'est échappée d'entre les pavés mal joints ;

Elle a filtré, à travers les chairs décomposées des morts que vous avez entassés ;

Elle surnage sur la mer de sang où vous comptiez bien la voir noyée.

Elle est partout où l'on fête le 18 mars, debout, vous laissant vos crimes et parlant au monde entier.

Et au-dessus d'elle, Messieurs de la réaction, flotte le large drapeau de l'avenir, dont la pourpre, trois fois teinte du plus pur des veines du peuple, brille au soleil levant de la société future, à l'aurore du XXe siècle, qui sera celui de la fraternité des peuples, c'est-à-dire de la **République Universelle**.

Les Élus de Paris de Février 1871

Il ne paraîtra pas inutile, au moment du renouvellement de la Chambre des Députés, de donner quelques détails rétrospectifs sur les élections parisiennes du 8 février 1871.

Voici la liste des élus de Paris à l'Assemblée nationale dans l'ordre où ils ont été nommés par le scrutin de liste :

Louis Blanc, mort député de Paris, en décembre 1882, élu par 216.530 voix.

Victor Hugo, mort sénateur de la Seine, en juin 1885, élu par 213.686 voix.

Léon Gambetta, mort député de Paris, en décembre 1882, élu par 202.399 voix.

Garibaldi, démissionnaire à la première séance de l'Assemblée à Bordeaux, mort en juin 1882, élu par 200.239 voix.

Edgar Quinet, mort membre de l'Assemblée nationale, en mars 1875, élu par 199.472 voix.

HENRI ROCHEFORT, élu par 165.670 voix, actuellement rédacteur en chef de l'*Intransigeant*.

Amiral Saisset, membre de l'Assemblée nationale jusqu'en 1876, mort en mai 1879, élu par 154.379 voix.

Charles Delescluze, démissionnaire, puis **membre de la Commune**, tué sur la barricade du boulevard Voltaire, le 25 mai 1871, élu par 154.142 voix.

Joigneaux, mort député de la Côte-d'Or, le 25 Janvier 1892, élu par 153.265.

Schœlcher, mort sénateur inamovible, le 25 décembre 1893, élu par 149.991 voix.

Félix Pyat, démissionnaire, puis **membre de la Commune**, mort député des Bouches-du-Rhône, en août 1889, élu par 145.872 voix.

Henri Martin, mort sénateur de l'Aisne, en mars 1883, élu par 139.420 voix.

Amiral Pothuau, mort sénateur inamovible, en octobre 1882, élu par 139.280 voix.

Gambon, député jusqu'en 1885, a été élu **membre de la Commune**, mort en septembre 1887, élu par 136.249 voix.

EDOUARD LOCKROY, démissionnaire, actuellement député de Paris, élu par 134.583 voix.

Dorian, mort membre de l'Assemblée nationale, en avril 1873, élu par 128.480 voix.

RANC, démissionnaire, puis **membre de la Commune** et de nouveau, démissionnaire, sénateur jusqu'en 1899, actuellement rédacteur au *Radical*, élu par 126.533 voix.

Benoit Malon, démissionnaire, puis **membre de la Commune**, mort en septembre 1893, élu par 117.483 voix.

HENRI BRISSON, actuellement député de Paris, élu par 115.591 voix.

Thiers, mort membre de l'Assemblée nationale, en septembre 1877, élu par 103.226 voix.

Sauvage, mort membre de l'Assemblée nationale, en novembre 1872, élu par 102.672 voix.